Die
Entscheidung

A2/B1

Von Volker Borbein und Christian Baumgarten
Illustriert von Detlef Surrey

Cornelsen

Die Entscheidung

Volker Borbein und Christian Baumgarten
mit Illustrationen von Detlef Surrey

Lektorat: Pierre Le Borgne, Berlin
Layout: Annika Preyhs für Buchgestaltung
Technische Umsetzung: Klein & Halm Grafikdesign, Berlin
Umschlaggestaltung: Ungermeyer, grafische Angelegenheiten

Umschlagfoto: Shutterstock/© hxdyl

Weitere Titel in dieser Reihe

ISBN 978-3-06-120752-6   Großstadtliebe
ISBN 978-3-06-120753-3   Das Missverständnis
ISBN 978-3-06-120754-0   Die Überraschung

www.cornelsen.de

1. Auflage, 1. Druck 2016

Druck: orthdruk, Bialystok

ISBN 978-3-06-120751-9

Inhalt

Sie können diese spannende Geschichte auch über einen MP3-Player zu Hause, bei einer Auto-, Zug- oder Busfahrt anhören und genießen.

Personen

Für Amelie beginnt nach dem Abitur ein neuer, aufregender Lebensabschnitt. Sie hat ihn sich völlig anders vorgestellt. Sie lebt zwischen Hoffnung und Verzweiflung.

Die Hauptpersonen dieser Geschichte sind:

Sarah Schall
53 Jahre. Lehrerin an einer Berufsschule.
Sie sieht, wie ihre Tochter leidet.

Thomas Schall
55 Jahre. Ingenieur. Er würde seiner Tochter gerne helfen. Aber sie will ihren eigenen Weg gehen.

Amelie Schall
18 Jahre. Abiturientin.
Sie verliebt sich in Daniel
und bekommt Probleme.

Anna Schall
73 Jahre. Amelies Lieblingsgroßmutter.
Amelie besucht sie. Kann die Großmutter ihrer Enkelin Ratschläge geben?

Einstein
Der Kater stand eines Tages
vor der Terrassentür.
Seitdem gehört er zur Familie.

Hanna
18 Jahre. Abiturientin. Beste Freundin von
Amelie. Sie streiten sich wegen Daniel.

Daniel
26 Jahre. Student.
Liebt er Amelie wirklich?

Helga Dunkel
42 Jahre. Angestellte in
einer Zahnarztpraxis.
Sie bringt Amelie in Schwierigkeiten.

Orte der Handlung: Ibiza – Berlin – Kassel

Kapitel 1 | Sonnenbrand

Amelie Schall fühlt sich gut, richtig gut. Sie legt ein großes buntes Handtuch auf den feinen Sandstrand[1] von Platja d'en Bossa[2]. Sie stellt ihre voll gepackte Badetasche neben sich und reserviert mit einem zweiten Handtuch einen Platz für
5 ihre beste Freundin Hanna. Hanna hat ihre Sonnenbrille im Hotel liegen lassen. Amelie blickt um sich. Der Himmel ist strahlend blau, das Meer unendlich weit. Der Strand ist ein Traum.

Amelie atmet mehrere Male tief durch und macht es sich auf
10 ihrem Badetuch bequem. Tausend Dinge gehen ihr durch den Kopf: das vor kurzer Zeit bestandene Abitur[3], die Feten danach, ihr Mathelehrer, in den sie zwei Monate verliebt war, ihr Bruder Sebastian und seine Freundin Antje, Gedanken über die Zukunft. Ein leichter warmer Wind streichelt[4]
15 ihren Rücken.

„So fühlt sich bestimmt mein Kater Einstein, wenn er in der Sonne liegt", sagt sich Amelie und schläft ein.
Sie träumt.
Jemand berührt sie am Arm. Es ist ein junger, braun gebrann-
20 ter Mann, Mitte zwanzig. Sie spürt seine langen blonden Haare in ihrem Gesicht.

1 Fläche aus feinen Steinkörnern am Ufer des Meeres, wo sich Touristen gerne sonnen
2 längster Strand der Insel Ibiza: beliebtes Reiseziel insbesondere von Jugendlichen, die Partys machen wollen. *www.ibiza.de*
3 Abitur: Abschlussprüfung am Gymnasium. Das Abitur berechtigt zum Studium an einer Universität.
4 liebevoll berühren

Er beugt[5] sich über sie und sieht ihr in die Augen.

„Pass auf, du bekommst einen Sonnenbrand!"

Amelie wacht auf. Sie dreht sich um.

„Wie bitte? Was ist los?" Amelie ist völlig durcheinander.

„Spürst du nichts? Du wirst ganz rot auf dem Rücken. 5
Hast du Sonnencreme dabei?" Amelie nickt und greift in ihre
Badetasche.

„Das übernehme ich", sagt Hanna, die seit kurzer Zeit da
steht und das Geschehen beobachtet hat. „Entschuldige,
dass ich so lange weg war. Ich habe Bekannte aus Berlin 10
getroffen. Die Welt ist wirklich klein. Habe ich hier etwas
verpasst?"

„Nein ... Ja ... Doch ... Nicht wirklich." Amelie wirkt ver-
legen[6]. „Ich hätte mir einen Sonnenbrand geholt, wenn ..."
Sie macht eine kleine Pause und sieht den jungen Mann an. 15
„Wie heißt du eigentlich?"

„Daniel."

„Und ich Amelie."

„Das ist ein schöner Name!"

Amelie setzt ihren Satz fort: „... wenn Daniel mich nicht 20
geweckt hätte. Daniel, das ist Hanna, meine beste Freundin.
Wir erholen uns vom Abiturstress. Setz dich doch zu uns."
Daniel nutzt seine Chance. Hanna gefällt das gar nicht. Sie
hatte sich den Urlaub mit Amelie im Ferienparadies von
Ibiza anders vorgestellt. 25

5 sich nach vorn/nach unten bewegen
6 unsicher

Kapitel 2 | Sorgen

Am nächsten Morgen sitzt Hanna allein am Tisch im Früh-
stücksraum des Hotels. Amelie betritt den Raum und setzt
sich zu ihrer Freundin.

„Wo warst du heute Nacht?", fragt Hanna. Verlegen sieht
5 Amelie ihre Freundin an. „Hast du die Nacht mit ihm verbracht? Du bist gestern Abend einfach gegangen, ohne
ein Wort zu sagen. Warum hast du nicht Bescheid gesagt?
Ich stand in der Disco alleine rum. Ich kam mir blöd vor[7].
Und ich habe mir Sorgen gemacht. Amelie, so kannst du
10 mit mir nicht umgehen! Schließlich sind wir zusammen in
den Urlaub gefahren. So, und jetzt möchte ich weiter früh-
stücken. Hast du schon mit ihm gefrühstückt?"

7 sich dumm fühlen

„Wen meinst du?"

„Na hör mal, Daniel natürlich. Du warst bei Daniel, gib's zu!"

Amelie rückt auf ihrem Stuhl hin und her.

„Ja. Tut mir leid, das nächste Mal sage ich Bescheid. Aber, 5 ich … Es ist gestern Abend so viel passiert."

„Sag's doch einfach, Amelie: Du hast dich in Daniel verliebt."

„Ja!"

„Das darf doch nicht wahr sein. Was findest du denn an 10 dem Typen gut?"

„Alles! Seine Augen, sein Lächeln, seine Hände, seine Zärtlichkeit[8], seine Stimme. Wir haben die ganze Nacht geredet. Er hört mir zu und er nimmt mich ernst. Ich habe das Gefühl, dass wir uns schon lange kennen. Wir verstehen 15 uns. Er ist so lieb. Ja, Hanna, du hast recht. Ich habe mich verliebt, zum ersten Mal richtig verliebt."

Amelie strahlt[9] über das ganze Gesicht. „Und was das Schönste ist: Er wohnt und studiert in Berlin. Stell dir vor, was für ein Glück. Wir werden uns dort bestimmt wieder- 20 sehen. Wenn nicht sogar mehr."

„Amelie, weißt du, was du machst? Du kennst den Typen kaum, und schon machst du Zukunftspläne. Informier dich doch erst einmal über Daniel. Schau einfach bei Facebook nach." 25

---

8 Gefühl der Liebe, das man auch zeigen will
9 froh und glücklich aussehen

Amelie weicht aus[10].

„Hanna, ich bin müde, das Wetter ist schön. Die Sonne
lacht. Komm, wir gehen an den Strand. Dort kann ich noch
ein wenig schlafen und später erzähle ich dir alles."

5 „Gute Idee. Die frische Luft wird dir gut tun, besonders
nach dieser Nacht. Sag mal, Amelie, deine Augen gefallen
mir nicht. Hast du etwa …?"

„Hanna, was denkst du von mir! Ich nehme doch keine
Drogen!"

10 Eine Stunde später liegen beide am Strand. Dieses Mal haben
sie sich schon vorher eingecremt. Amelie schläft.

Hanna will mit ihrer besten Freundin reden. Ihr gefällt das
Ganze nicht. Sie hat das Gefühl, dass der acht Jahre ältere
Daniel nur ein schnelles Abenteuer[11] sucht.

15 „Ich muss herausfinden, was er wirklich von ihr will", sagt
Hanna laut. Neben ihr liegende Strandurlauber wundern
sich. Hanna sieht Amelie an. Sie lächelt im Schlaf.

Hanna steht auf und läuft ins Meer. Die Abkühlung tut ihr
gut.

10 sich nicht festlegen wollen, offen lassen
11 kurze Liebesbeziehung

Kapitel 3 | Aufregung

Die Ferien sind zu Ende. Für Amelie fängt ein neuer Lebens-
abschnitt an. Ihr erster Arbeitstag beginnt.
Mit Herzklopfen verlässt Amelie die elterliche Wohnung.
Pünktlich um 7.30 Uhr betritt sie die Zahnarztpraxis.
Dr. Lücke-Wurzel begrüßt Amelie sehr herzlich.   5
„Guten Morgen, Amelie. Ich darf Sie doch Amelie nennen?
Ich spreche alle Helferinnen mit Vornamen an. Einverstan-
den?" Amelie nickt. Ihr Herzklopfen hat ein wenig nachgelas-
sen. „Sie wollen tatsächlich die Ausbildung zur Zahnmedizi-
nischen Fachangestellten machen? Sie haben doch Abitur?   10
Warum beginnen Sie nicht direkt mit dem Studium?"
Mit dieser Frage hatte Amelie gerechnet. Sie ist ihr nicht
ganz angenehm.

„Na, ja, es ist so. Mein Notendurchschnitt war nicht gut genug, um gleich zu studieren. Ich warte auf einen Studienplatz."

„Woran hat es gelegen?"

5 „Hauptsächlich an Mathematik."

Der Zahnarzt lächelt.

„Die Situation kenne ich. Bei mir war es ähnlich. Sie haben mein volles Verständnis. Das ist übrigens eine gute Entscheidung, die Zeit zu überbrücken¹². Und Sie lernen den

10 Beruf von der Pike auf¹³. Außerdem haben Sie eine Berufsausbildung, wenn es mit dem Studium nicht klappen sollte. Aber das hoffen wir natürlich nicht."

Amelie ist ruhig geworden. Ihr Pulsschlag ist wieder normal. Der Zahnarzt schaut auf seine Uhr. „So, ich stelle Sie gleich

15 den Mitarbeiterinnen vor. Ich hoffe, dass Sie mit ihnen zurechtkommen¹⁴. Sie sind übrigens die Einzige mit Abitur. Die dienstälteste Mitarbeiterin, Frau Dunkel, wird Sie betreuen. Neben Frau Dunkel gibt es noch zwei Kolleginnen. Kerstin arbeitet seit sechs Jahren in der Praxis. Sie hat zur-

20 zeit Urlaub. Eva ist Auszubildende im zweiten Lehrjahr."

„Die habe ich schon kurz kennengelernt."

„Gut. Wenn es Probleme gibt, kommen Sie bitte direkt zu mir." Der Zahnarzt geht mit Amelie zur Rezeption. „Frau Dunkel, kümmern Sie sich um Amelie."

25 Amelie streckt Frau Dunkel die rechte Hand entgegen. Frau Dunkel nimmt sie nicht an.

---

12 eine Wartezeit sinnvoll nutzen
13 etwas gründlich und von Anfang an lernen
14 keine Schwierigkeiten mit jemandem oder etwas haben

Sie gibt Amelie ohne weitere Worte den vorbereiteten Kittel.

„Ich zeige Ihnen, was Sie zu tun haben." Amelie zieht ihre weiße Arbeitskleidung an. „Zuerst zeige ich Ihnen Ihren Arbeitsbereich. Alles muss sauber sein! Kontrollieren Sie jeden Morgen vor Beginn der Sprechstunde das Wartezim- 5 mer! Tauschen Sie jeden Dienstag die alten gegen die neuen Zeitungen aus. Stellen Sie jeden Morgen Mineralwasser mit Bechern in das Wartezimmer. Sie sind für diese Arbeiten verantwortlich!"

Amelie weiß am Abend nicht mehr, was sie den ganzen Tag 10 über getan hat.

„Und? Wie war der erste Arbeitstag?", fragt der Vater sie am Abend. „Wie fühlst du dich?"

„Ich weiß nicht so recht. In meinem Kopf ist alles durcheinander. Ich muss mich erst einmal an alles gewöhnen." 15

„Denk dran, Lehrjahre sind keine Herrenjahre."

„Ja, ja, Vater, ist ja gut."

Amelies Handy[15] leuchtet auf. „Endlich!", murmelt Amelie.

„Hast du etwas gesagt?"

„Nein, Vater. Aber ich muss sofort los. Ich habe eine Ver- 20 abredung."

„Nun warte doch noch auf Mutter. Sie ist neugierig, wie der erste Tag war."

„Ach, morgen ist auch noch ein Tag."

„Wie du meinst. Wo willst du denn schon wieder hin?" 25 Ohne ein Wort zu sagen, verlässt Amelie die Wohnung. Der Vater wundert sich.

---

15 Mobiltelefon

Kapitel 4 | Erwachsen

Amelie ist auf dem Weg zu Daniel. Bei Facebook hat Amelie nur Positives über Daniel erfahren. „Hannas Befürchtungen sind umsonst. Gott sei Dank!", denkt Amelie. Es ist Feierabendverkehr. Die U-Bahn[16] ist voll. Amelie nimmt
5 die vielen Menschen nicht wahr[17]. Sie denkt darüber nach, was sie Daniel nachher alles sagen möchte: ihre Eindrücke und Erlebnisse am ersten Arbeitstag in der Zahnarztpraxis, ihre Hoffnungen und Wünsche. Amelie möchte Daniel alles sagen können. Sie weiß aber nicht, ob sie den Mut dazu hat.

16 Untergrundbahn: *www.bvg.de*
17 etwas mit den Sinnen (Hören, Sehen etc.) zur Kenntnis nehmen

Es wird Amelie warm ums Herz, wenn sie an ihren Freund denkt. Ein Gefühl, das für Amelie ganz neu ist.

Sie hat ihren Eltern versprochen, nicht zu spät nach Hause zu kommen. Sie muss am nächsten Morgen früh aufstehen. Ihr Arbeitstag beginnt um 7.30 Uhr. Pünktlich.

Und dann steht sie endlich vor Daniels Wohnungstür. Amelie klingelt. Ihr Herz klopft. In wenigen Augenblicken wird Daniel vor ihr stehen.

Niemand öffnet. Nichts tut sich in der Wohnung. Amelie klingelt ein zweites Mal. Ihr Herzklopfen wird stärker. Amelie hört Schritte. Sie ist erleichtert. Nach kurzer Zeit öffnet Daniel.

Amelie genießt[18] das Zusammensein mit ihm. Sie fühlt sich wie auf einem anderen Stern. Die Zeit vergeht wie im Fluge[19]. Es ist dunkel geworden. Durch die geöffneten Fenster kommt immer noch warme Sommerluft. Amelie schaut auf ihre Uhr.

„So spät schon? Du, Daniel, ich muss jetzt nach Hause. Meine Eltern warten und morgen heißt es, früh aufstehen."

Daniel nimmt Amelie in seine Arme und sagt mit zärtlicher Stimme:

„Bleib doch. Ich fahre dich morgen früh zur Arbeit."

Für Sekunden kämpft Amelie mit sich selbst. Dann siegen ihre Gefühle. Sie nimmt ihr Handy. Sie schickt ihren Eltern eine SMS: *Übernachte bei Daniel. Komme morgen Abend direkt nach der Arbeit nach Hause.* Dann schaltet Amelie das Handy aus.

---

18 Freude an etwas haben
19 sehr schnell

Nach einem schnellen Frühstück fährt Daniel Amelie zur Arbeit. Während der Fahrt schweigen beide. Daniel hält vor der Arztpraxis. Er gibt ihr einen Schlüssel.

„Das ist mein Wohnungsschlüssel, Amelie. Für dich.
5 Komm wann du willst!"

Amelie fehlen die Worte. Sie umarmt Daniel. Sie weiß jetzt, dass sie für Daniel wichtig, sehr wichtig ist. Amelie fühlt sich plötzlich erwachsen. Sie steigt aus dem Auto. Sie dreht sich nicht um und geht in das Ärztehaus.

Kapitel 5 | Ärger

„Guten Morgen, Frau Dunkel."

„Guten Morgen, Amelie. Heute ist Operationstag. Am OP-Tag ist Dr. Lücke-Wurzel den ganzen Tag beschäftigt." Frau Dunkel nimmt Amelie mit in einen Behandlungsraum. Eva, Auszubildende im zweiten Lehrjahr, legt dort die Instru- 5 mente für die Behandlung des nächsten Patienten auf den Tisch. Die ersten Patienten sitzen im Wartezimmer.

„Jeden Mittwochnachmittag behandelt der Doktor Patienten in einem Altenheim. Er braucht dazu seine Operationstasche. In dieser Operationstasche müssen alle notwendi- 10 gen Instrumente sein. Die Operationstasche muss richtig

gepackt sein. Amelie, Sie sind dafür verantwortlich. Passen
Sie bitte genau auf."
Frau Dunkel nennt die Namen der verschiedenen Instru-
mente und legt sie auf den Tisch. Amelie schreibt die Namen
5 auf. Eva steht neben Amelie:
"Du schaffst das schon."
Frau Dunkel geht in einen anderen Behandlungsraum. Eva
muss Dr. Lücke-Wurzel helfen. Amelie ist allein.
Amelie ist unsicher geworden. In welcher Reihenfolge soll
10 sie die Instrumente in die Tasche legen? Frau Dunkel führt
gerade eine Zahnreinigung bei einem Patienten durch und
hat keine Zeit. Eva ist bei dem Chef im Operationsraum.
Wen soll sie fragen?
Sie klopft an den OP-Raum. Der Chef öffnet die Tür. Er
15 nimmt den Mundschutz ab und schreit Amelie an. "Wie oft
muss ich denn das noch sagen. Ich will am OP-Tag nicht
gestört werden. Hört hier denn keiner, was ich sage?" Amelie
ist wie gelähmt[20].
"Aber ich ..."
20 Frau Dunkel kommt dazu.
"Ich habe Ihnen doch gesagt, dass der Chef OP-Tag hat
und nicht gestört werden will!"
Eva kommt aus dem OP-Raum. Sie geht auf Amelie zu.
"Das ist wieder typisch Dunkel. Sie hat dir nicht gesagt,
25 dass der Chef nicht gestört werden will. Immer macht sie
die neuen Auszubildenden fertig. Darüber müssen wir unbedingt in der nächsten Teamsitzung sprechen."
Amelie packt die restlichen Instrumente in die Operationstasche.

20 bewegungslos sein, nicht reagieren können

Kapitel 6 | Gewitter

In den späten Abendstunden ist in Berlin und in den umliegen-
den Gebieten mit Wärmegewittern zu rechnen. Das waren die
ZDF[21]-Nachrichten. Sie sehen und hören uns wieder um 21.45
Uhr.

Es ist ungewöhnlich warm. Noch ist kein Gewitter in Sicht. 5
Die Eltern setzen sich auf die Terrasse. Kalte Getränke sorgen
für Abkühlung. Ein leichter Wind kommt auf.
Amelie betritt die Terrasse. Seitdem sie im Hause ist,
streicht[22] Einstein um ihre Beine. Amelie fühlt sich nicht
ganz wohl in ihrer Haut. Sie gibt ihren Eltern einen kurzen 10

---

21 Zweites Deutsches Fernsehen: *www.zdf.de*
22 um etwas herumgehen

Kuss. Sie setzt sich und trinkt einen kalten Saft. Einstein hat es sich vor ihren Füßen bequem[23] gemacht. Er schnurrt[24]. Der Wind wird stärker. Wolken ziehen auf.

„Einstein hat dich letzte Nacht vermisst[25]", sagt die Mut-
5 ter. „Er hat dein Bett die ganze Nacht nicht verlassen."
Amelie spielt mit dem Schlüssel, den ihr Daniel gegeben hat.

„Entschuldigung, Mutter, was hast du eben gesagt? Ich war mit meinen Gedanken woanders."

„Das kann man wohl sagen. In Gedanken bist du schon
10 ausgezogen. Oder ist das nicht der neue Wohnungsschlüssel, den du ständig hin und her bewegst?" Amelie sieht ihre Eltern erstaunt an.

„Woher wisst ihr ...?"

„Kind, wir sind deine Eltern. Amelie, du kennst unsere
15 Meinung über Daniel. Wir glauben nicht, dass er für dich der richtige Mann ist. Allein der Altersunterschied! Amelie, denk nach. Du hast erst gestern eine Ausbildung angefangen. Hoffentlich kommt die nicht zu kurz. Aber du musst wissen, was du tust. Es ist dein Leben. Du bist volljährig[26]. Nur eins sollte
20 dir auch klar sein: Halbe Sachen gibt es nicht. Hotel Mama gehört der Vergangenheit an: keine Waschmaschine, kein gefüllter Kühlschrank mit Selbstbedienung. Und du musst mit deinem Verdienst auskommen. Natürlich, dein Zimmer gehört weiter dir."
25 Der Vater nickt. Er ist über den Auszug seiner Tochter traurig. Es fällt ihm jedoch schwer, über seine Gefühle zu sprechen.

---

23 angenehm, komfortabel
24 typisches Geräusch einer Katze, wenn sie sich wohl fühlt
25 bedauern, dass jemand nicht da ist
26 mündig. Mit 18 Jahren ist man in Deutschland volljährig.

Es ist schwül[27] geworden. Sarah steht auf und setzt sich dann wieder hin. Sie sucht ihr Taschentuch. Die Mutter weiß, dass auch in ihrem Leben und im Leben ihres Mannes ein neuer Abschnitt beginnt. Sie nimmt die Hand ihres Mannes und drückt sie. Regentropfen fallen. Amelie ist nachdenklich 5 geworden. Ihr Entschluss steht aber fest. Sie war sich noch nie so sicher. Der Vater steht auf.

„Wir müssen morgen alle früh aufstehen. Amelie, überschlafe deine Entscheidung in Ruhe."

Amelie geht auf ihr Zimmer, gefolgt von Einstein. Sie legt 10 den neuen Wohnungsschlüssel auf den Nachttisch. Dann ruft sie Hanna an. Die Freundinnen streiten sich. Es wird ein langes Gespräch. Blitze machen die Nacht zum Tage.

27 unangenehm heiß und feucht

Kapitel 7 | Warnungen

„Amelie, der Chef will Sie sofort sprechen!" Amelie ist aufgeregt.

„Guten Morgen, Amelie. Ich hoffe, es geht Ihnen gut. Bitte setzen Sie sich. Ich muss mit Ihnen reden. Sie haben
5 gestern die Instrumententasche für das Altenheim gepackt. Frau Dunkel hat Ihnen gesagt, was alles in die Tasche gehört. Stimmt das?"

„Ja. Ich habe alles aufgeschrieben, damit ich nichts falsch mache. Ich wollte gestern nur fragen, ob ich die Instrumente
10 in einer bestimmten Reihenfolge in die Tasche legen soll oder nicht. Aber mir hat niemand eine Antwort gegeben."

„Darum geht es nicht. Amelie, die Tasche war nicht vollständig gepackt. Die Handschuhe fehlten. Frau Dunkel hat

Sie doch ausdrücklich darauf hingewiesen, die Handschuhe
einzupacken."

Amelies Herz klopft immer stärker.

„Aber das ist nicht richtig, Herr Doktor! Frau Dunkel hat
nichts von den Handschuhen gesagt. Bestimmt nicht!" 5

„Amelie, Frau Dunkel arbeitet seit 15 Jahren in meiner
Praxis. Sie ist die Zuverlässigkeit in Person."

„Ich sage die Wahrheit, bestimmt. Von Handschuhen hat
sie nicht gesprochen."

„Frau Dunkel hat Ihnen auch gesagt, dass ich dienstags 10
während der Operation auf keinen Fall gestört werden will.
Amelie, Sie müssen genau zuhören, was man Ihnen sagt."
Amelie schweigt. „Machen Sie in Zukunft genau das, was
Frau Dunkel Ihnen sagt. Haben Sie mich verstanden? Ich
möchte nicht, dass ich nochmals mit Ihnen so reden muss. 15
Und nun an die Arbeit."

Geschockt verlässt Amelie das Büro von Dr. Lücke-Wurzel.
Sie erzählt Eva von ihrem Gespräch.

„Amelie, die Dunkel will dich loswerden. Aber da ist das
letzte Wort noch nicht gesprochen. Dafür werde ich sorgen." 20
Nach der Arbeit trifft sich Amelie mit Hanna in einer nahe
gelegenen Szene-Kneipe.

„Amelie, wie siehst du denn aus, was ist passiert?"

„Ach, Ärger auf der Arbeit. Ich glaube, ich höre auf. Ich
komme mit der mich betreuenden Mitarbeiterin nicht klar. 25
Dunkel heißt sie. Sie macht mir das Leben zur Hölle[28]."
Hanna umarmt Amelie.

„Das geht schon vorbei."

28 jemandem Schwierigkeiten bereiten, jemanden schikanieren

Hanna schaut aus dem Fenster: „War das nicht Daniel?"
Diese Beobachtung behält Hanna für sich. Sie ist sich sicher,
dass Amelie ihre Hilfe brauchen wird.

Kapitel 8 | Unsicherheit

Der Wecker klingelt. Es ist 6.30 Uhr.

„Um Gottes Willen! So spät schon!" Amelie blickt neben sich. Daniel schläft tief und fest. „Wie ungerecht", denkt sie, „Daniel kann ausschlafen, wie immer."

Amelie steht auf und geht ins Bad. Es ist 6.35 Uhr. Sie stellt 5 die Kaffeemaschine an. Sie zieht sich an. 6.45 Uhr. Jetzt ist Eile geboten. In vierzehn Minuten muss sie an der U-Bahn-Station sein. Schnell trinkt sie einen Kaffee und geht aus dem Haus. Es ist 6.55 Uhr. Sie erreicht gerade noch ihre U-Bahn.

„Geschafft!" Amelie fühlt sich erschöpft[29]. „Ich schlafe zu 10 wenig. Das häufige Weggehen ist auf die Dauer nichts für mich. Heute Abend bleibe ich mal zu Hause. Daniel hat bestimmt Verständnis dafür. Außerdem schreiben wir morgen eine Fachkundearbeit. Ich muss mich darauf vorbereiten. Ja, so mache ich das."   15

29 sehr müde, am Ende der Kräfte

Ihr Arbeitstag verläuft ohne Zwischenfälle[30]. Helga Dunkel
hat einen Tag Urlaub. Um 18.30 Uhr verlässt Amelie die Praxis
und fährt nach Hause. Sie betritt die Wohnung.

„Ich bin es!"

5 Keine Antwort. Daniel ist wieder nicht da. Amelie geht in die
Küche. Sie hat Durst. Sie öffnet den Kühlschrank. Was für ein
trauriger Anblick: ein Joghurtbecher, ein kleines Stück Käse,
ein offenes Marmeladenglas. „Das darf doch nicht wahr sein",
seufzt[31] Amelie. „Nicht schon wieder!

10 Ich habe Daniel gebeten einzukaufen. Er weiß doch, dass ich
dazu keine Zeit habe. Und was für eine Unordnung in der
Küche. Das Geschirr von heute Morgen steht noch auf dem-
selben Platz." Nachdenklich trinkt Amelie ein Glas Wasser.
Leitungswasser.

15 Die Wohnungstür geht auf.

„Hallo Schatz! Wie war dein Tag? Hast du Hunger? Ich
habe uns eine Pizza mitgebracht. Ich hatte wirklich keine
Zeit einzukaufen. Ich war mit Freunden zusammen. Die Zeit
vergeht so schnell."

20 Amelie nimmt die lauwarme[32] Pizza aus der Pappe und legt
sie auf einen Teller. Amelie ist sauer. Daniel weiß doch, dass
sie Pizza überhaupt nicht mag.

„In einer Stunde müssen wir los. Ziehst du was Hübsches
an?"

---

30 plötzliches, unangenehmes Ereignis
31 etwas sagen und dabei tief und hörbar ausatmen
32 weder warm noch kalt, nicht mehr warm

„Daniel, ich möchte heute Abend mal zu Hause bleiben. Ich bin müde. Und morgen schreiben wir in der Berufsschule[33] eine Fachkundearbeit. Ich muss lernen."

„Ach komm, Amelie. Wir sind bei meinem besten Freund eingeladen. Alle freuen sich, dich wieder zu sehen. Du musst einfach mitkommen. Bitte!" 5

„Das wird mir echt alles zu viel. Du hast Semesterferien. Du kannst ausschlafen!"

Daniel nimmt Amelie in seine Arme. Er küsst sie und sagt ihr leise ins Ohr: 10

„Bitte. Du schaffst das schon. Ohne dich macht mir der Abend keinen Spaß. Und was sollen meine Freunde denken, wenn ich da allein auftauche? Enttäusch mich nicht."

Zwei Stunden später sind sie in der Luxuswohnung von Daniels Freund. Junge Leute in modischer Kleidung feiern ausgelassen[34]. Amelie lernt eine aufregende neue Welt kennen. 15

01.20 Uhr: Amelie und Daniel verlassen die Party. Alle anderen Gäste bleiben. Auf dem Nachhauseweg denkt Amelie über die Gäste nach. Einige, mit denen Daniel lange gesprochen hat, fand Amelie sehr merkwürdig, ja sogar zwielichtig[35]. Die Nacht ist kurz für Amelie. 20

Die Fachkundearbeit war schwer. Amelie hat kein gutes Gefühl. Sie weiß, dass ihr Leben so nicht weitergehen kann.

---

33 Schule, die man neben der normalen Berufsausbildung besuchen muss
34 fröhlich
35 zweifelhaft, nicht durchschaubar

Kapitel 9 | Hoffnung

Eine Woche später erhält Amelie die Klassenarbeit zurück. Amelie hat sich nicht getäuscht. Das Ergebnis ist sogar noch schlechter, als sie befürchtet hat.

Amelie geht nach dem Unterricht zurück an ihre Arbeits-
5 stelle. Helga Dunkel fragt nach dem Ergebnis der Fachkundearbeit. Wortlos reicht ihr Amelie die Arbeit. Helga Dunkel liest die Note. Sie lacht Amelie schadenfroh[36] ins Gesicht. „Na ja, dann wollen wir mal sehen, was Dr. Lücke-Wurzel bei der nächsten Teambesprechung dazu sagt."
10 Amelie ist deprimiert.

„Heute Abend rede ich mit Daniel. Berufsschule, Ausbildung und dazu die ganze Arbeit im Haushalt, das ist alles zu viel für mich. Ja, ich rede mit ihm. Und über das ständige Ausgehen und über unsere Beziehung."

36 mit boshafter Freude (über das Missgeschick von Amelie)

Es wird ein langes Gespräch.

„Amelie, du und ich, wir gehören zusammen. Nichts und niemand wird uns trennen", sagt Daniel und nimmt Amelie in seine Arme. Amelie weint. Wie sehr hatte sie auf diese Worte gewartet. Endlich hat er sie ausgesprochen. 5

Daniel ist oft unterwegs.

„Ich bin mit Studienkollegen verabredet. Wir bereiten uns gemeinsam auf eine Prüfung vor. Warte nicht auf mich, es kann spät werden."

Amelie vertraut ihrem Freund. Sie trifft sich nach der Arbeit 10 häufiger mit Hanna. Ihre beste Freundin hat noch immer keine gute Meinung von Daniel.

„Amelie, Daniel passt nicht zu dir. Er ist nicht ehrlich zu dir. Glaub mir. Arbeitet er abends wirklich mit Studienkollegen?" Hanna sieht Amelie an und sagt nach einer ganz 15 kurzen Pause: „Oder doch eher mit Studienkolleginnen?"

„Hanna, ich bitte dich. Wie kannst du das behaupten! Du kennst ihn doch gar nicht. Ich vertraue ihm." So verlaufen die Gespräche zwischen den Freundinnen meistens.

Wenn Amelie und Daniel abends zusammen sind, ist der 20 berufliche Alltag vergessen, fast vergessen. Amelie erzählt, was sie in der Praxis und in der Berufsschule erlebt hat. Seit einiger Zeit hat sie jedoch das Gefühl, dass Daniels Aufmerksamkeit ihr gegenüber nachlässt. Er hört nicht mehr zu. Er ist mit seinen Gedanken woanders. Er stellt keine Fragen 25 mehr. An mehreren Abenden klingelt immer zur gleichen Zeit Daniels Handy.

„Entschuldigung", sagt er dann jedes Mal, steht auf und geht in ein anderes Zimmer. Nach kurzer Zeit kommt er dann ins Wohnzimmer zurück. „Da hat wieder jemand eine falsche Nummer gewählt", sagt er entschuldigend zu Amelie.

5 „Wirklich nur eine falsche Nummer, oder ...?"

„Ja, natürlich", antwortet Daniel, „was denn sonst! Ach ja, was ich dir noch sagen wollte. Morgen Abend können wir leider nicht zusammen ins Kino gehen. Ich habe mich mit Jenny verabredet. Wir bereiten eine Klausur[37] vor. Amelie,

10 das musst du verstehen."

„Daniel, hältst du mich für dumm? Sag doch gleich, dass dich Jenny angerufen hat. Warum triffst du dich nicht jetzt mit ihr? Jetzt sofort! Ich fasse es nicht! Nichts und niemand wird uns trennen. Wir gehören zusammen! Erinnerst du

15 dich, wer das gesagt hat?"

„Aber Amelie, lass mich doch erklären ..." Daniel nimmt Amelies Hand. Sie weist[38] ihn zurück.

„Nein, Daniel, nein! Ich habe mir unsere Beziehung anders, ganz anders vorgestellt. Diese Heimlichtuereien[39]

20 und Lügen. Ich kann und will nicht mehr. Daniel, es reicht!" Amelie steht auf und sucht ein paar Sachen zusammen. Den Wohnungsschlüssel hält sie für Sekunden in ihrer Hand und steckt ihn dann wieder in ihre Tasche.

„Ich übernachte bei Hanna!" Ohne ein weiteres Wort ver-

25 lässt Amelie die Wohnung. Daniel bleibt sprachlos zurück.

---

37 schriftliche Prüfung an einer Universität
38 ablehnen
39 Verhalten, das zeigt, dass man etwas geheim hält

Kapitel 10 | Großmutter

Die persönlichen und beruflichen Probleme belasten[40] Amelie. Sie entschließt sich, ein Wochenende bei ihrer Großmutter in Kassel zu verbringen. In ihrer Kindheit hat sie dort oft ihre Ferien verbracht.

Amelie möchte die Documenta[41] besuchen. Die moderne 5 Kunstausstellung wird in wenigen Tagen geschlossen. Freitagnachmittag fährt sie mit dem Zug nach Kassel. Drei Stunden später steht sie vor der Wohnungstür ihrer Großmutter. Die Begrüßung ist herzlich.

40 bedrücken, Sorgen bereiten
41 bedeutendste Ausstellung zeitgenössischer Kunst weltweit: *www.kassel.de/kultur/documenta*

Anna Schall hat einen leckeren[42] Kuchen gebacken. Geruch und Geschmack wecken in Amelie Kindheitserinnerungen. Amelie hat viele Fragen.

„Arbeitest du immer noch ehrenamtlich[43] im Brüder Grimm-
5 Museum[44]?"

„Ja, natürlich. Ich mache Führungen für Schulklassen durch das Museum und ein paar Mal im Jahr lese ich in Kindergärten Märchen vor. Die Arbeit macht mir viel Freude und hält mich jung. Und ich habe das Gefühl, mit 73 Jahren
10 noch gebraucht zu werden." Anna macht eine kleine Pause.

„Weißt du, dass in diesem Haus Patrick Reich gewohnt hat?"

„Patrick Reich, wer ist das?"

„Er ist Privatdetektiv. Er hat im Brüder Grimm-Museum den Diebstahl des berühmten Rotkäppchen-Manuskripts
15 aufgeklärt[45]. Er wohnt jetzt in Berlin. Wie komme ich nur darauf? Ich rede und rede die ganze Zeit. Entschuldigung. Du siehst so aus, als ob du Sorgen hättest? Liebeskummer? Du kannst deiner Großmutter alles erzählen."

Draußen ist es dunkel geworden. Anna sitzt in ihrem Lieb-
20 lingssessel. Eine Stehlampe neben dem Sessel verbreitet angenehmes warmes Licht. Amelie sieht ihre Großmutter an. Sie hat es nicht immer leicht gehabt in ihrem Leben. Ihr Mann ist vor 15 Jahren gestorben. Anna Schall wurde krank, sehr krank.

---

42 sehr gut schmeckend
43 ohne Bezahlung
44 *www.grimms.de*
45 siehe: „Der Mond war Zeuge. Ein Fall für Patrick Reich";
www.cornelsen.de/daf-bibliothek

Sie hat gekämpft und gewonnen. Wie im Märchen. Amelie liebt ihre Großmutter. Trotzdem ist es für sie nicht einfach, über ihre persönlichen Probleme zu sprechen. Sie gibt sich einen Ruck und erzählt. Die Großmutter hört aufmerksam zu. Den nächsten Tag verbringt Amelie in der Kunstausstellung. 5 Müde, aber zufrieden kommt sie abends zur Großmutter zurück. Es wird ein langer Abend. Dieses Mal hört Amelie zu. Sie traut ihren Ohren nicht. Ihre Großmutter hat einen älteren Mann kennengelernt, mit dem sie in eine Alten-WG[46] ziehen will. 10

„Die Geschichte wiederholt sich", denkt Amelie. „Beim nächsten Treffen kann ich vielleicht der Großmutter Ratschläge geben." Bei diesem Gedanken lächelt sie.

46 Wohngemeinschaft, die aus älteren Menschen besteht

Kapitel 11 | Lügen

Am frühen Freitagnachmittag findet in der Praxis Dr. Lücke-Wurzel die monatliche Mitarbeiterbesprechung statt. Helga Dunkel und Eva bitten um das Wort. Kerstin hört aufmerksam zu. Dr. Lücke-Wurzel erteilt Eva das Wort. Helga Dunkel
5 ist sauer. Sie hätte so gerne als erste über die schlechte Klassenarbeit von Amelie berichtet.

„Na ja, dann halt ein paar Minuten später", sagt sich Helga Dunkel. „Der werde ich es zeigen!" Die Besprechung nimmt aber einen unerwarteten Verlauf.

Eva, die Auszubildende im zweiten Lehrjahr, beginnt zu reden.

„Sie wissen, wie gerne ich hier arbeite. Die Arbeit macht mir Spaß. Was ich aber nicht lustig finde, ist das Verhalten von Frau Dunkel Amelie gegenüber. Sie bereitet ihr Schwierigkeiten, wo es nur geht. Das ist doch so, Amelie?" Amelie nickt. „Sie hat Amelie nicht gesagt, dass Sie, Herr Doktor, am OP-Tag nicht gestört werden wollen. Sie hat Amelie nicht gesagt, dass Handschuhe in die Instrumententasche gehören!"

Helga Dunkel rückt auf ihrem Stuhl hin und her. Dr. Lücke-Wurzel sieht sie fassungslos[47] an.

„Frau Dunkel", sagt er nach einer Weile, „stimmt das, was Eva erzählt?" Helga Dunkel sieht auf den Boden. Sie schweigt. „Frau Dunkel, antworten Sie!"

Alle blicken auf die langjährige Mitarbeiterin. Sie erträgt die Blicke nicht. Sie schweigt noch immer. Dann bricht es aus ihr heraus.

„Ich habe das für meine Tochter getan. Mein Kind soll doch auch eine Zukunft haben. Herr Doktor, Sie haben in der letzten Zeit oft genug betont, dass die nächste Auszubildende auch eine Realschülerin[48] sein kann und nicht unbedingt eine Abiturientin. Ich bin davon ausgegangen, dass Sie meine Tochter einstellen. Ich bin alleinerziehende Mutter. Mein Mann hat uns vor fünf Jahren verlassen. Verstehen Sie? Ich muss mich doch um mein Kind kümmern."

---

47 so erstaunt sein, dass man nichts mehr sagen kann
48 Schülerin einer Realschule. Schulabschluss (Mittlere Reife) nach Beendigung der 10. Klasse an einer Realschule.

Helga Dunkel hat Tränen in den Augen.

„Und Sie haben gedacht, dass Sie durch falsche Beschuldigungen Amelie aus meiner Praxis rausdrängen[49] können, damit Ihre Tochter den Ausbildungsplatz erhält? Frau Dunkel, wir kennen uns schon so lange. Warum haben Sie nie mit mir über Ihre Tochter gesprochen?" Frau Dunkel sitzt da wie ein Häufchen Elend[50]. Amelie hat fast Mitleid mit ihr. „Können Sie sich vorstellen, wie sich Amelie gefühlt haben muss? Mobbing ist gemein und zerstört Leben."

„Die Zu…, die …, die Zukunft meines Kindes!", stammelt[51] Frau Dunkel.

Schweigen. Nach einer Weile sagt Dr. Lücke-Wurzel:

„Jetzt kommt das Wochenende, Zeit zum Nachdenken. Wir setzen uns nächste Woche wieder zusammen und entscheiden dann, wie es weitergeht. Amelie, ich habe Sie ungerecht behandelt. Tut mir wirklich sehr leid."

Dr. Lücke-Wurzel verabschiedet die beiden Auszubildenden und Kerstin mit einem Händedruck. Wortlos verlassen Amelie und Eva die Praxis. Helga Dunkel bleibt zurück. Der Zahnarzt will sie unter vier Augen sprechen.

Auf der Straße atmet Amelie tief durch.

„Danke, Eva." Amelie fühlt sich erleichtert.

---

49 jemanden dazu bringen, wegzugehen
50 sehr traurig, sehr unglücklich aussehen
51 mit Unterbrechungen und sehr undeutlich sprechen

Kapitel 12 | Überraschung

Amelie hat sich von Daniel getrennt. Die Trennung ist ihr
schwer gefallen. Seitdem konzentriert sie sich ganz auf ihre
Ausbildung. Die Arbeit in der Zahnarztpraxis macht ihr
mittlerweile Spaß. Amelie wohnt wieder bei ihren Eltern.
Die Eltern und Einstein freuen sich darüber.   5
Pünktlich zu Weihnachten[52] fängt es an zu schneien. Auf
den Straßen herrscht Stille. Es ist kalt geworden. Sarah
und Amelie decken für das weihnachtliche Essen am Heiligen Abend den Tisch. Der Vater hat darauf bestanden, das
festliche Menü selbst vorzubereiten. In der Küche herrscht 10
Chaos. Das ist jede Weihnachten so und stört niemanden
mehr. Einstein verfolgt mit wachen Sinnen das Geschehen
in der Küche. Der Geruch des Fischs hat es ihm besonders

---

52 die Zeit vom Heiligen Abend (24. Dezember) bis zum zweiten
Weihnachtstag (26. Dezember)

angetan. Der geschmückte Weihnachtsbaum mit vielen Wachskerzen schafft eine wohlige[53] Wärme und Stimmung. Unter dem Weihnachtsbaum liegen noch die ungeöffneten Geschenke. Die Familie genießt das Essen. Thomas Schall ist zufrieden.

Nach dem Essen nimmt die Familie im Wohnzimmer Platz. Einstein hat es sich auf Amelies Schoß bequem gemacht und schnurrt. Aus dem Radio kommt leise Weihnachtsmusik.

An dem Abend wird die Unterhaltung zweimal durch das Telefon unterbrochen. Jedes Mal geht Amelie als erste zum Telefon im Flur. Der erste Anrufer ist ihr Bruder Sebastian[54]. Er verbringt mit seiner Lebensgefährtin Antje Weihnachten in der Sonne auf Gran Canaria[55]. Der zweite Anruf kommt von der Großmutter. Sie ist zu ihrem Freund in eine Alten-WG gezogen. Anna Schall ist glücklich. Amelie hat jedes Mal einen anderen Anruf erwartet. Sie erhält eine SMS von Hanna und antwortet sofort. Als Familie Schall die Geschenke aus-packen will, klingelt es an der Haustür. Der Vater schaut auf die große Standuhr im Wohnzimmer. Es ist kurz vor 22 Uhr. „So spät? Wer kann das denn sein?", fragt der Vater verwun-dert. Er geht zur Tür und öffnet sie.

Vor dem Haus steht Daniel. Schnee ist auf seinen Haaren. Er zittert[56].

---

53 angenehm
54 siehe: „Großstadtliebe"; *www.cornelsen.de/daf-bibliothek*
55 eine der Kanarischen Inseln. Beliebtes Reiseziel von Deutschen besonders im Winter: *www.grancanaria.com*
56 schnelle, kleine unkontrollierte Bewegungen machen (z. B. wenn man friert oder Angst hat)

Übungen zu Die Entscheidung

Kapitel 1

Ü 1 **Welche Zusammenfassung ist richtig?**

A Amelie und Hanna sind zusammen in den Urlaub
gefahren. Amelie hat ihre Sonnenbrille vergessen.
Hanna liegt am Strand und wird von Daniel angesprochen.

B Amelie und Hanna sind nach dem Abitur auf Ibiza.
Amelie liegt am Strand und wartet auf Hanna. Hanna
hat ihre Sonnenbrille im Hotel vergessen. Amelie wird
von Daniel angesprochen. Hanna sieht das. Es gefällt
ihr gar nicht.

C Amelie und Hanna sind nach dem Abitur auf Ibiza.
Amelie liegt am Strand. Sie wird von Daniel angesprochen. Daniel unterhält sich mit Amelie. Hanna
findet Daniel nett und freut sich über die Bekannt-
schaft.

Kapitel 2

Ü 2 **Haben Sie das im Text gelesen? Kreuzen Sie an.**

	Ja	Nein
1. Hanna betritt den Frühstücksraum und setzt sich zu Amelie.	☐	☐
2. Amelie strahlt über das ganze Gesicht.	☐	☐
3. Amelie gibt zu, dass sie sich verliebt hat.	☐	☐
4. Hanna findet Daniel unmöglich.	☐	☐

5. Hanna schlägt Amelie vor, an den Strand
   zu gehen. ☐ ☐
6. Hanna fragt Amelie, welche Drogen sie
   genommen hat. ☐ ☐
7. Amelie schläft am Strand ein. ☐ ☐
8. Amelie steht auf und läuft in das Meer,
   um sich abzukühlen. ☐ ☐

Kapitel 3

Ü 3 Bringen Sie die Sätze in die richtige Reihenfolge.

a. Die Ferien sind zu Ende.

b. Der Zahnarzt begrüßt Amelie sehr herzlich.

c. Pünktlich um 7.30 Uhr betritt Amelie die Zahnarztpraxis.

d. Der Zahnarzt schaut auf seine Uhr. „Ich stelle Ihnen
gleich die Mitarbeiterinnen vor."

e. „Guten Morgen, Amelie. Ich darf Sie doch Amelie
nennen?"

f. „Die dienstälteste Mitarbeiterin, Frau Dunkel, wird
Sie betreuen."

g. Amelie weiß nicht mehr, was sie den ganzen Tag über
getan hat.

h. Ohne ein Wort zu sagen, verlässt Amelie die Wohnung.

i. „Zuerst zeige ich Ihnen Ihren Arbeitsbereich. Alles
muss sauber sein."

j. Der Vater wundert sich.

1	2	3	4	5	6	7	8	9	10
a									

Kapitel 4

Ü 4   Was gehört zusammen?

1. ein kurzer Zeitraum   a. Mut
2. diejenigen Stunden am Tag, in   b. Gefühl
   denen man beruflich tätig ist
3. Gegenstand aus Metall, mit   c. Herz
   dem man eine Tür auf- und
   zuschließen kann
4. Symbol für die Liebe   d. Befürchtungen
5. ein Treffen, bei denen Men-   e. Augenblick
   schen privat miteinander
   reden, etwas trinken, spielen
6. der Meinung sein, dass etwas   f. Zusammensein
   Gefährliches oder Unange-
   nehmes geschehen könnte
7. etwas, was man körperlich   g. Schlüssel
   und seelisch spürt
8. die Bereitschaft, etwas zu tun,   h. Arbeitstag
   das gefährlich ist oder sein
   kann

Kapitel 5

Ü 5   Welche Zusammenfassung ist richtig?

A Amelie betritt die Praxis. Frau Dunkel sagt Amelie,
   dass der Chef auf keinen Fall gestört werden darf.
   Es ist Operationstag. Frau Dunkel zeigt Amelie, was
   in die Operationstasche für das Altenheim hinein
   gehört. Amelie passt auf und erledigt ihre Arbeit.

B Amelie betritt die Praxis. Frau Dunkel weist Amelie darauf hin, dass der Chef heute Operationstag hat. Amelie packt die Operationstasche für den Mittwochnachmittag. Der Chef braucht die Tasche für das Altenheim. Amelie ist sich unsicher, ob sie alles richtig gemacht hat und fragt den Chef.

C Frau Dunkel erklärt Amelie, was in die Operationstasche gehört. Sie sagt Amelie, dass der Chef auf keinen Fall gestört werden darf, da er heute Operationstag hat. Amelie weiß nicht, wie sie die Tasche packen soll, und fragt den Chef.

Kapitel 6

Ü 6   Richtig oder falsch? Kreuzen Sie an.

	Ja	Nein
1. In den Abendstunden ist in Berlin und Umgebung mit starken Wärmegewittern zu rechnen.	☐	☐
2. Es ist ungewöhnlich kalt. Amelie fühlt sich sehr wohl zuhause.	☐	☐
3. Einstein hat Amelie gestern Nacht vermisst. Er hat ihr Bett die ganze Nacht nicht verlassen.	☐	☐
4. „Hotel Mama gehört der Vergangenheit an. Keine Waschmaschine, kein voller Kühlschrank."	☐	☐
5. Amelie weiß nicht, was sie machen soll. Sie ist unsicher.	☐	☐

Kapitel 1 – 7

Ü 7   Tragen Sie die Antworten in die Kästchen ein.

1. In welchen Lehrer hat sich Amelie während ihrer Schulzeit verliebt? (Kapitel 1)
2. Was hat Amelie nach Meinung von Hanna genommen? (Kapitel 2)
3. Welchen Schulabschluss hat Amelie als einzige in der Praxis? (Kapitel 3)
4. Mit welchem Verkehrsmittel fährt Amelie zu Daniel? (Kapitel 4)
5. Welche Person ist für Amelie sehr wichtig? (Kapitel 4)
6. Welche Frau ist zuständig für Amelies Ausbildung? (Kapitel 7)
7. Wie verlässt Amelie das Büro von Dr. Lücke-Wurzel? (Kapitel 7)

1	▓									
2			▓				
3		▓				
4		–	▓		
5			▓		
6		▓		
7	▓							

Wie heißt das Lösungswort?

1	2	3	4	5	6	7

Kapitel 8

Ü 8 Welche Aussagen bezeichnen das Wort „zwielichtig"?

    a. Eine Person, von der man nicht genau weiß, wo sie arbeitet und was sie macht.

    b. Eine Person, die überall sehr beliebt ist und immer für andere da ist.

    c. Eine Person, die zweifelhafte Geschäfte macht.

    d. Eine Person, die alle kennen und die nichts zu verbergen hat.

Kapitel 9

Ü 9 Wer sagt was?

    1. „Na ja, dann wollen wir mal sehen, was Dr. Lücke-Wurzel bei der nächsten Teambesprechung dazu sagt?"

    2. „Amelie, du und ich, wir gehören zusammen."

    3. „Amelie, du passt nicht zu Daniel."

    4. „Hanna, ich bitte dich, wie kannst du das behaupten!"

    5. „Ich habe mich mit Jenny verabredet."

    6. „Warum triffst du dich nicht jetzt mit ihr?"

    7. „Wir gehören zusammen. Erinnerst du dich noch daran, wer das gesagt hat?"

    8. „Ich kann nicht mehr."

Amelie: _____ Hanna: _____

Daniel: _____ Frau Dunkel: _____

Dr. Lücke-Wurzel: _____

Kapitel 10

Ü10 Welche Bedeutung haben Großeltern in Ihrem Land?

Kapitel 11

Ü11 Welche Sätze sind falsch?

	Ja	Nein
1. Am frühen Freitagnachmittag findet in der Praxis von Dr. Lücke-Wurzel das monatliche Kaffeetrinken statt.	☐	☐
2. Helga Dunkel ist gut gelaunt.	☐	☐
3. „Was ich aber nicht lustig finde, ist das Verhalten von Frau Dunkel Amelie gegenüber."	☐	☐
4. „Frau Dunkel hat Amelie gesagt, dass Dr. Lücke-Wurzel am OP-Tag nicht gestört werden will."	☐	☐
5. „Und Sie haben gedacht, dass Sie durch falsche Beschuldigungen Amelie aus meiner Praxis rausdrängen können, damit Ihre Tochter den Ausbildungsplatz erhält?"	☐	☐
6. Amelie fühlt sich erleichtert.	☐	☐

Kapitel 12

Ü12 Ihre Fantasie ist gefragt!
„Daniel zittert." Was ist passiert?

Ü13 Wie geht Ihrer Meinung nach die Geschichte weiter?

Lösungen

Kapitel 1
Ü1 Richtig: B

Kapitel 2
Ü2 Ja: 2, 3, 4, 6 ,7
　　Nein: 1, 5, 8

Kapitel 3
Ü3 1a; 2c; 3b; 4e; 5d; 6f; 7i; 8g;
　　9h; 10j

Kapitel 4
Ü4 1e; 2h; 3g; 4c; 5f; 6d; 7b; 8a

Kapitel 5
Ü5 B

Kapitel 6
Ü6 Richtig: 1, 3, 4
　　Falsch: 2, 5

Kapitel 1–7
Ü7 1. Mathelehrer
　　2. Drogen
　　3. Abitur
　　4. U-Bahn
　　5. Daniel
　　6. Dunkel
　　7. Geschockt
　　Lösungswort: Mobbing

Kapitel 8
Ü8 a; c

Kapitel 9
Ü9 Amelie: 4, 6, 7, 8
　　Hanna: 3
　　Daniel: 2, 5
　　Frau Dunkel: 1
　　Dr. Lücke-Wurzel: –

Kapitel 10
Ü10 individuelle Lösung

Kapitel 11
Ü11 Richtig: 3, 5, 6
　　Falsch:1, 2, 4

Kapitel 12
Ü12 individuelle Lösung
Ü13 individuelle Lösung

MP3:
Die Entscheidung
Eine Großstadtgeschichte

Gelesen von Denis Abrahams

Regie:	Susanne Kreutzer
	Kerstin Reisz
Toningenieur:	Christian Marx
Studio:	Clarity Studio Berlin

unter www.cornelsen.de/daf-bibliothek